...60 ...e du Parti Socialiste de France (U. S. R.)

Au Congrès d'Amsterdam

DISCOURS

de

Jules GUESDE

DISCOURS

DE

Jules GUESDE
Aug. BEBEL
Edouard VAILLANT

Discours de Jules GUESDE [1]

Voici, sinon les termes, qu'il a été impossible de reconstituer en l'absence de toute sténographie, le sens précis de l'improvisation par laquelle notre ami Jules Guesde a dû répondre au discours de Jaurès :

Ma réponse sera courte. Et vous me la faciliterez par votre silence, en songeant que je n'ai ni l'organe, ni la santé, ni la jeunesse de Jaurès.

Vous êtes tous témoins que, depuis l'ouverture de ce Congrès, ni ici, ni ailleurs, une seule attaque n'est partie de notre côté contre ceux qui nous ont obligés à les traiter en adversaires. Nous n'avons pas même répliqué, lorsque, avant-hier comme aujourd'hui, Jaurès a persisté

---

[1] Prononcé à la Commission de la tactique, le jeudi 18 août 1904.

à nous présenter comme voulant faire résoudre internationalement notre crise française, contrairement aux camarades d'Allemagne et d'Italie qui ont fait eux-mêmes chez eux, à leur Congrès national, ceux-ci de Bologne, ceux-là de Dresde, leur propre besogne de redressement.

Pour en finir avec cette accusation de venir chercher à Amsterdam, auprès des frères internationaux, des armes pour notre lutte intérieure — à laquelle nous suffisons, je l'ai déjà dit et je le répète — je n'aurai qu'à rappeler nos Congrès nationaux de Paris et de Lyon, où nous nous sommes les premiers, sans le concours de qui que ce soit, libérés avec trop d'éclat pour que personne puisse en ignorer.

Nous avons également laissé passer sans protester l'étrange affirmation de Jaurès, d'après laquelle il aurait derrière lui le prolétariat français, tandis que nous, nous ne serions qu'une minorité décroissante. C'est cependant le contraire qui est vrai, vous le savez, citoyen Jaurès ; vous savez, vous n'avez pour cela qu'à compulser vos propres registres, que de 12.000 membres que comptait votre fraction au Congrès de Bordeaux, vous êtes tombés à 8.000 l'année d'après, au Congrès de Saint-Etienne, alors que, dans le même laps de temps, notre Parti, deux fois plus nombreux, voyait ses cotisants, accrus de plus de 2.000 atteindre le chiffre de 16.700, non compris les 1.300 militants de la Fédération de Saône-et-Loire tout nouvellement adhérente.

Je n'oublie pas, certes, vos 32 représentants à

la Chambre, que vous opposiez tout à l'heure à nos 12. Mais le malheur est pour vous — comme pour eux — qu'aucun n'ait été élu comme socialiste. Candidats officiels, tout ce qu'il y a de plus officiels, ils avaient pour eux préfets, sous-préfets et autres agents de Waldeck-Rousseau ou de Combes. Et je pourrais vous mettre au défi d'en citer un seul qui se soit présenté et qui ait passé contre un candidat ministériel.

De Pressensé, interrompant : Moi, citoyen !

Guesde reprend :

Je suis heureux d'enregistrer votre protestation ; mais permettez-moi de faire remarquer que l'exception vient confirmer la règle, aucun de vos collègues n'étant en mesure de joindre son démenti au vôtre.

C'est comme républicains battant des monarchistes que vous avez pénétré dans le Parlement, ce n'est pas comme fondés de pouvoir d'une classe, comme mandataires du prolétariat contre la bourgeoisie.

Pour nous faire sortir de notre silence systématique, pour m'obliger à intervenir dans le débat, il a fallu que Jaurès osât invoquer contre nous la perte de la municipalité de Lille. J'ai dû alors réclamer la parole « pour établir les responsabilités », en ajoutant : « Ne rappelez pas vos hontes ! » Car c'est à vous, c'est aux vôtres, à l'abominable campagne de calomnies et d'outrages menée contre le Conseil sortant, Delory en tête, par les socialistes du Bloc, qu'est dû le triomphe momentané de la réaction dans notre grande ville du Nord.

Il n'en a pas été autrement à Montluçon — que nous reprendrons dès demain — et à Bourges, où l'Hôtel de Ville ne nous a échappé que par les manœuvres de socialistes dits indépendants faisant ouvertement le jeu des pires partis bourgeois.

Mais nulle part, même dans ces trois villes, nous n'avons été entamés. C'est avec notre armée au complet, voire accrue, que nous nous préparons à une très prochaine revanche.

Guesde, après avoir ainsi remis au point les choses de France, examine par le détail « l'œuvre d'ensemble », l'œuvre énorme et féconde que Jaurès aurait accomplie « depuis six ans » et derrière laquelle il essaie d'abriter la nouvelle méthode contre un verdict qu'il sent inévitable. Et Guesde affirme tout d'abord que cette œuvre n'a jamais existé que dans le cerveau de Jaurès. (1° Jaurès n'a pas sauvé la République, qui n'a pas été en danger. Bien plus grave était la situation lors de Boulanger, que les radicaux avaient porté aux nues et rendu populaire dans le peuple et dans l'armée. Et cependant il a suffi de la poigne d'un Constans pour avoir raison du boulangisme. C'est qu'en France les coups d'Etat ne se sont jamais faits que par en haut, par des gouvernants maîtres du ministère de la guerre. Pour marcher contre le gouvernement établi avec quelques régiments sortis des casernes, un général aurait trop peur, serait trop certain de rencontrer d'autres généraux, à la tête d'autres régiments, pour lui barrer la route, et ce, non pas même par convictions républicaines, mais par intérêt personnel, pour l'avancement.)

(Quoique la République, suivant le mot de Thiers, puisse être « le gouvernement qui divise le moins » la bourgeoisie, elle est certes pour nous comme pour Marx *le terrain idéal* de la révolution par nous poursuivie, mais pourquoi ? Parce qu'elle met en présence les classes dans leur antagonisme collectif et direct, sans que leur lutte nécessaire puisse être faussée par des calculs ou des manœuvres dynastiques. Et cette supériorité du régime républicain disparaîtrait si, comme le voudrait Jaurès, du fait même de ce régime existant, le prolétariat devait abandonner sa propre bataille, renoncer à faire sa République à lui pour s'immobiliser dans la défense de la République de ses maîtres ; ainsi entendue et pratiquée, la République deviendrait le pire des gouvernements.)

2° « La victoire de la laïcité », dont s'est vanté Jaurès, est encore à venir. Depuis le temps qu'on expulse des moines de tout sexe et de toute robe, il n'est pas même prouvé qu'il y en ait un de disparu — et encore ! Ce n'est que dans un délai de dix ans que devront avoir été fermées toutes les écoles congréganistes, et rien n'a été fait contre les congrégations les plus dangereuses, celles qui spéculent sur la misère. la faim et la maladie ouvrières.(L'anticléricalisme dont on fait parade a surtout pour but de détourner les travailleurs de leur lutte contre le capitalisme. C'est une « comédie », comme on a pu en juger tout à l'heure, lorsque, après avoir annoncé triomphalement le prochain dépôt par M. Combes d un projet de séparation de l'Eglise et de l'Etat, Jaurès a suffisamment indiqué qu'il ne croyait pas à une majorité pour la voter.)

Mais en fût-il différemment, dût le Concordat être supprimé avec le budget des cultes qu'on n'aurait pas le droit de parler d' « affranchissement des consciences » et de « liberté intellectuelle » à propos d'une mesure qui a été prise depuis longtemps, depuis toujours, aux Etats-Unis, sans que pour cela le cléricalisme, catholique ou protestant, ait cessé d'empoisonner la grande république américaine(C'est que, comme le déclarait la première Internationale, la servitude économique est la source de toutes les servitudes, politique et religieuse. L'émancipation intellectuelle ou morale ne précèdera pas, elle ne peut que suivre l'émancipation matérielle. Ce n'est que dans la société socialiste qu'il en sera fini de toute religion ou superstition, seul le paradis réalisé pour tous dans la la vie pouvant et devant faire disparaître jusqu'à l'idée du paradis dans la mort.)

3° Les grandes réformes sociales de Jaurès et du Bloc sont moins sérieuses encore, soit qu'elles n'existent que sur le papier, à l'état de projets, telles que la journée de huit heures

pour les mineurs, les retraites ouvrières, etc.,
soit qu'elles appartiennent à une autre période,
à l'époque où le socialisme n'était pas sorti de
l'opposition. C'est ainsi que la journée de dix
heures pour le personnel des ateliers mixtes
date de 1892 ; et si elle n'est appliquée que
d'hier, elle aurait dû l'être depuis des années
si, au lieu de capituler devant les objections et
les résistances patronales, le Millerand de Jaurès
avait simplement fait observer la loi qui, en
réduisant, pour les femmes et les enfants, la
journée de travail à dix heures, la réduisait
par contrecoup et nécessairement, dans la même
proportion, pour les adultes. Quant aux lois
dites d'assistance, dont il a été également fait
étalage, elles constituent une véritable dérision,
si on les compare seulement à ce qui, dans le
même ordre d'idées, a été obtenu en Allemagne,
non pas par l'entente avec le gouvernement
impérial, mais au moyen du combat à outrance.
(Et lorsqu'on songe que c'est pour de pareilles
miettes, pour une aussi misérable aumône, que
le prolétariat, qui produit tout et a droit à tout,
devrait se mettre au service de la bourgeoisie
au pouvoir, c'est à se demander comment un
semblable marché de dupes peut trouver une
voix pour le défendre !)

Reste la paix, cette paix des plus boiteuses,
dont Jaurès attribue à sa politique tout le
mérite et tout l'honneur, alors que c'est de
notre côté que, non pas d'aujourd'hui et par
intermittence, mais dès l'origine et toujours,

l'alliance russe a été combattue et dénoncée comme grosse de guerre; alors que, d'autre part, c'est nous encore qui, au lendemain de 1870, quand l'idée de revanche emplissait toutes les têtes, nous sommes mis en travers du chauvinisme débordé, fraternisant par-dessus la nouvelle frontière avec la démocratie socialiste allemande et déclarant que la question d'Alsace-Lorraine, avec laquelle on s'efforçait de diviser les travailleurs des deux grandes nations en attendant de les jeter les uns sur les autres, ne pouvait et ne devait être résolue que par le triomphe du prolétariat et du socialisme des deux côtés des Vosges.

Les socialistes du Bloc, qui participent aux gouvernements bourgeois — comprenant Galliffet hier, Rouvier aujourd'hui — peuvent parler de paix, comme ils parlent de lutte de classe; mais comment pourraient-ils être les gardiens de la paix internationale, lorsqu'ils votent les budgets de la guerre et de la marine, lorsqu'ils votent les crédits coloniaux? C'est la politique coloniale qui, en déchaînant les appétits concurrents et contradictoires des classes capitalistes de tous les pays, constitue actuellement le plus grand péril pour la paix européenne : témoin Fachoda hier, témoin aujourd'hui la Mandchourie, qui fait s'entretuer depuis des mois Japonais et Russes. Et en fournissant, avec les millions, les voies et moyens de cette politique, loin d'être une garantie de paix, on est — quoi qu'on dise — un risque permanent de guerre.

Guesde expose ensuite la source de ce qu'il a appelé non pas les crimes, mais les erreurs de Jaurès, et qu'il place dans une fausse conception du socialisme.

Pour nous, et pour l'immense majorité des socialistes représentés à Amsterdam, le socialisme a sa base dans les phénomènes économiques ; il sort tout armé du capitalisme, dont il est à la fois l'aboutissant et le correctif. (Nous sommes, pour employer l'expression pittoresque d'un des nôtres, *les fils du cheval-vapeur*. Et comme le *cheval-vapeur*, c'est-à-dire le machinisme, la concentration des capitaux, la *prolétarisation* du travail, etc., partout où ils pénètrent, engendrent les mêmes maux et dressent les victimes par millions dans une même lutte à mort contre le même ennemi, il y a place, sur le même et unique terrain de classe, pour l'unité, non seulement de but, mais de moyens et de tactique, quelle que puisse être la diversité des conditions gouvernementales. L'Internationale, non plus de mot, mais de fait, mais d'action, devient, en même temps qu'une possibilité, une nécessité.

Tout change, au contraire, dès qu'on ne voit dans le socialisme — cessant d'être une étape économique — qu'un postulat, le prolongement ou le couronnement d'un mouvement démocratique issu lui-même de la Révolution bourgeoise de la fin du dix-huitième siècle. Et c'est parce

que Jaurès — dans sa manière actuelle au moins
— se rattache à cette dernière conception, c'est
pour cela qu'il accepte et réclame — et qu'il
peut le faire logiquement — une collaboration
de plus en plus permanente avec les éléments
avancés, c'est-à-dire démocratiques et républicains de la bourgeoisie.)

C'est pour cela qu'il refuse à l'Allemagne
socialiste — comme de démocratie moins déve-
loppée — et qu'il dénie à l'Internationale elle-
même, composée de pays inégalement démo-
cratisés, le droit d'intervenir contre sa nouvelle
méthode, voire de juger, voire de comprendre
ce qui se passe, du fait de Jaurès, chez nous.

(Mais c'est pour cela aussi qu'il est condamné,
qu'il le veuille ou non, malgré toute l'horreur
qu'il peut professer pour le mot, à n'être qu'un
nationaliste d'un nouveau genre, et plus dangereux que l'autre.)

Contre un pareil nationalisme, auquel ne
résisterait pas l'Internationale, désormais sans
raison et sans moyen d'être, Guesde fait appel
aux immortelles paroles de Liebknecht, à notre
Congrès de Marseille en 1892 :

Pour nous, socialistes, il n'y a pas de question de
nationalité ; nous ne connaissons que deux nations ;
la nation des capitalistes, de la bourgeoisie, de la
classe possédante, d'un côté ; et de l'autre la nation
des prolétaires, de la masse des déshérités, de la
classe travailleuse. Et de cette seconde nation nous
sommes tous, vous socialistes français et nous socialistes allemands. Nous sommes une même nation :

les ouvriers de tous les pays forment une seule nation qui est opposée à l'autre, qui est aussi une et la même dans tous les pays.

Et il exprime en terminant, sa confiance absolue dans le Congrès, qui ne voudra pas rétablir des frontières entre les prolétariats des deux mondes, mais les dressera là où finit le socialisme et où commence une autre méthode, qui serait la mort du socialisme.

Discours de BEBEL [1]

Le discours qu'a prononcé aujourd'hui notre camarade Jaurès est de nature à éveiller la fausse impression que nous ayons, nous, les démocrates-socialistes d'Allemagne, soulevé ce débat.

Ni avant ni après Dresde nous n'y avons songé une minute ; c'est une partie de nos camarades français qui ont pensé que notre résolution de Dresde se prêtait excellemment à devenir fondamentale pour la tactique de la démocratie-socialiste dans tous les pays à régime parlementaire.

Il va de soi que nous sommes décidés à soutenir notre propre résolution, d'autant plus que les causes qui nous ont amenés à la prendre en Allemagne existent dans toute une série de pays, d'autant plus que depuis le Congrès de

[1] Prononcé en réunion plénière du Congrès, le vendredi matin 19 août 1904. — Traduction du compte rendu paru dans le *Vorwaerts*.

Paris en 1900, on a pu voir qu'en dépit de l'adoption unanime de la résolution Kautsky, cette tendance et ces pratiques avaient persisté, qu'en plus d'un pays elles sont devenues dans la pratique une puissance palpable. C'est pourquoi il est aujourd'hui doublement souhaitable de se prononcer sur ce courant.

Quand on a entendu Jaurès, on ne peut se poser qu'une question : Comment est-il possible qu'il ait pu se trouver dans la commission une majorité pour une résolution pareille ? Il a exposé les faits de manière que les autres nations devraient être formées absolument d'idiots, si elles voulaient voter une telle résolution. Il l'a représentée comme la suppression de toute liberté, de toute pensée indépendante, comme l'oppression de la minorité, bref, comme le plus grand terrorisme des esprits que l'on puisse s'imaginer dans la démocratie socialiste. Or, il est caractéristique que si une partie de nos amis ne s'est pas associée à la lettre complète de la résolution, l'amendement Adler-Vandervelde n'en représente qu'une modification relativement légère, tandis que dans cet amendement tout le reste de l'esprit et de la teneur de notre résolution est maintenu.

Rien qu'à ce point de vue, toute la critique de Jaurès est infirmée dans son fond et dans sa portée. Jaurès dit que la résolution ne convenait qu'à la monarchique Allemagne. Certes, l'Allemagne n'est pas seulement une monarchie, mais presque deux douzaines de monarchies, si bien qu'au compte d'une monarchie, il n'y a pas loin de deux douzaines de surplus. (*Grande hilarité* et : *Très bien* !) Aussi y a-t-il en Allemagne des conditions réellement extraordinaires. Certes, l'Allemagne est un pays réactionnaire, féodal, policier, le pays d'Europe le plus mal gouverné.(Nous le savons bien, nous qui avons chaque jour à lutter avec ce régime ; nous n'avons pas besoin que personne vienne de l'étranger nous apprendre en quelle misérable condition nous sommes.) Mais le fait est que notre résolution peut indiquer aussi avec justesse la tactique qui doit être suivie dans les autres pays. Mes déclarations sur la monarchie et la république ont été reproduites d'une façon inouïe dans la presse bourgeoise. Je les reproduis telles que je les ai faites à la commission.

Il va sans dire que nous sommes républicains, républicains socialistes. (*Assentiment.*) C'est une des plus graves accusations portées contre nous en tous temps jusqu'aujourd'hui par le comte Bülow, le prince Bismarck et toute la réaction allemande. Nous ne l'avons jamais nié ; mais nous ne nous exaltons pas pour la république bourgeoise.

(Si fort que nous vous enviions, à vous Français, votre République et que nous la désirions pour nous, nous ne nous ferons pas cependant casser la tête pour elle ; elle n'en vaut pas la peine. (*Tonnerre de bravos.*) Monarchie bourgeoise, République bourgeoise, l'une et l'autre sont des Etats de classe ; l'une et l'autre sont nécessairement, par leur nature, faites pour le maintien de l'ordre social capitaliste. L'une et l'autre doivent travailler de toutes leurs forces à ce que la bourgeoisie conserve toute la puissance dans la législation. Car, du moment qu'elle perdrait le pouvoir politique, elle perdrait aussi sa situation économique et sociale. La monarchie n'est pas aussi mauvaise, et la République bourgeoise n'est pas non plus si bonne que vous les faites. (*Vifs applaudissements*) Même dans notre Allemagne de militarisme, de hobereaux, de bourgeoisie, nous avons des institutions qui pour votre République bourgeoise sont encore un idéal. Regardez la législation de l'impôt en Prusse et dans d'autres États fédérés, et regardez-la en France. Je ne connais pas de pays en Europe qui ait un système d'impôts aussi misérable, aussi réactionnaire, aussi exploiteur que la France. En face de ce système de succion, avec un budget de trois milliards et demi de francs, nous avons au moins l'impôt progressif sur le revenu et la fortune.

Et quand il s'agit de réaliser les revendications de la classe ouvrière, la République bourgeoise elle-même déploie toutes ses forces contre les travailleurs. Où les travailleurs pourraient-ils être traités de façon plus brutale, plus cynique et plus vile que dans la grande République bourgeoise d'au-delà l'Océan, qui est l'idéal de tant de gens ? Même en Suisse, une République de beaucoup plus démocratique

que n'est votre France, rien que dans ce court été, les milices ont été six fois convoquées contre les ouvriers, qui faisaient usage de leur droit de coalition et d'association, même dans de toutes petites grèves.

Je vous envie votre République particulièrement pour le suffrage universel appliqué à tous les corps élus. Mais je vous le dis sans mystère : Si nous avions le droit de suffrage dans la même extension et avec la même liberté que vous, nous vous aurions fait voir tout autre chose (*Vifs applaudissements*) que vous ne nous avez fait voir jusqu'ici (*Nouveaux applaudissements*). Mais lorsque chez vous, ouvriers et patrons viennent en conflit, c'est d'une façon odieuse qu'on procède contre les prolétaires français. Qu'est-ce aujourd'hui que l'armée, sinon le meilleur des instruments pour le maintien de la domination de classe ? Il n'y a pas eu de lutte un peu importante dans ces quatre dernières années, ni à Lille, ni à Roubaix, ni à Marseille, ni à Brest, ni à la Martinique, ni tout récemment encore en Normandie contre des grévistes verriers (1) (*Vifs applaudissements*), où le ministère Waldeck-Rousseau-Millerand, où le ministère Combes n'ait fait donner l'armée contre les travailleurs. En novembre dernier, la police parisienne a envahi de la manière la plus honteuse et la plus

---

(1) Il s'agit de la fusillade du Tréport, dont la nouvelle était arrivée le mercredi, pendant le Congrès d'Amsterdam.

violente la Bourse du Travail de Paris ; elle a blessé, elle a frappé soixante-dix ouvriers. Et à cette occasion, il y a une partie de nos amis socialistes à la Chambre qui n'ont pas voté pour que le préfet de police fût puni *(Nombreuses réprobations)*. Jaurès nous a donné une leçon sur ce que nous devrions faire. Pour maintenant, je ne réponds qu'une chose : si en Allemagne quelqu'un s'avisait de voter un ordre du jour en faveur du gouvernement, qui abandonnât les intérêts les plus considérables du prolétariat, le lendemain il perdrait son mandat *(Vif assentiment)*, il ne pourrait pas rester une heure représentant du peuple ; nous sommes trop disciplinés pour cela.

Jaurès dit que la résolution de Dresde trahit un esprit d'incertitude, de doute. Je suis surpris au plus haut point qu'un homme aussi cultivé et aussi au courant de l'histoire que le camarade Jaurès puisse faire un tel quiproquo à l'égard de la résolution de Dresde et de la démocratie socialiste allemande. Nous avons assurément en Allemagne le pire des gouvernements, en dehors de la Turquie et de la Russie ; néanmoins nous avons, par le suffrage universel pour le Reichstag et les droits électoraux adultérés dans les divers États, envoyé un assez grand nombre de représentants dans les corps législatifs de l'Allemagne. Y a-t-il jusqu'ici une réforme qu'ils aient repoussée ? Y a-t-il un progrès qu'ils n'aient pas soutenu ? Tout au contraire. Si nous avons, en Allemagne, un peu de progrès politique et social, nous pouvons, nous autres socialistes, le mettre exclusivement à notre compte *(Bravo!)*. Voilà ce que nous pouvons opposer aux attaques de notre ami Jaurès, appuyés sur l'autorité de notre ennemi Bismarck. *(Applaudissements.)* Ce n'est que par nous qu'ils ont été poussés, à coups de fouet, à faire des réformes. Et la démocratie socialiste est assez large d'esprit pour accepter de ses adversaires toutes les concess.ons qu'elle leur a arrachées, quand elles nous offrent réellement quelque progrès, pour appuyer aujourd hui le gouvernement, demain les partis libéraux, après-demain le centre qui rivalise avec nous pour enlever les suffrages ouvriers. Mais l'heure d'après, nous les combattons tous, hommes du centre et du gouvernement et libéraux, comme nos ennemis permanents. L'abîme sans fond qui nous sépare du gouvernement comme des partis bourgeois n'est pas oublié une minute.

Et en Angleterre, le gouvernement ne persiste aussi dans les réformes que parce qu'il veut empêcher l'essor d'un puissant mouvement socialiste. La bourgeoisie de l'Angleterre est la plus habile du monde *(Ecoutez! Ecoutez! dans la délégation anglaise)*. Si, l'année prochaine, aux élections générales, le libéralisme anglais est victorieux, il fera de nouveau de l'un de vous, peut-être de John Burns, un sous-secrétaire d'Etat : non pas pour faire une avance au socialisme, mais pour pouvoir dire aux ouvriers qu'il leur assure volontairement ce qu'on refuse à leur lutte sur le continent (*Vifs applaudissements dans la délégation anglaise*), pour conserver les voix des travailleurs et se précautionner devant le socialisme (*Tempête d'applaudissements dans la délégation anglaise*).

Voilà les états de service que Jaurès revendique pour lui, grâce à son alliance avec les radicaux bourgeois *(Rires)*. Si, dans ces dernières années, en France, la République a été mise en danger — j'admets cela comme un fait — vous avez eu parfaitement raison si vous l'avez sauvée de concert avec ses défenseurs bourgeois. Nous aurions fait de même. Nous ne vous faisons pas non plus un reproche de la lutte contre le cléricalisme. Alliez-vous, si vous êtes trop faibles contre lui tout seul, avec les libéraux ; nous le faisons aussi, mais après le combat, nous sommes des étrangers. Et où donc, dans ces dernières années, en Europe, était menacée la paix universelle, que Jaurès a aussi sauvée ? *(Grande hilarité)*. *Parler* pour la paix universelle, nous l'avons fait aussi. Mais, contrairement à nous, vous votez le budget de l'armée et de la marine (*Les jaurésistes : Non !*), le budget colonial (*Les jaurésistes : Non !*), les impôts indirects (*Et vous ?*), les fonds secrets (*Bruit chez les jaurésistes*), et par là, vous donnez votre appui à tout ce qui peut menacer la paix (*Vifs applaudissements*). Le vote de confiance qui est dans l'approbation du budget, nous ne pouvons pas, nous, le donner à un gouvernement bourgeois (*Vifs applaudissements*).

Jaurès espère encore, de cette collaboration avec les partis bourgeois, l'étatisation des chemins de fer et des mines. Un des points les plus importants de son programme a donc été réalisé par l'Allemagne, gouvernée monarchiquement (*Rires*).

Si nous voulons, en Allemagne, obtenir un progrès de ce genre, nous sommes naturellement amenés aussi à soutenir les partis bourgeois, mais une alliance permanente avec ses éléments, nous la rejetons résolument.

Jaurès croit que, même pour l'Allemagne, la résolution de Dresde n'aura qu'une valeur provisoire. Là, il est, il me semble, un très mauvais prophète. Il m'est absolument impossible d'imaginer une situation où nous n'agirions pas suivant les principes de cette résolution. Aussi n'ai-je jamais entendu d'affirmation plus monstrueuse et plus contraire au bon sens que de dire que la résolution de Dresde nous a été inspirée par l'esprit de doute et d'incertitude. C'est précisément contre les douteurs, contre les incertains, qui veulent nous faire dévier de la vieille tactique éprouvée, qu'elle est dirigée. (*Applaudissements*). Une autre preuve de notre certitude, c'est que nous n'avons jamais pensé à excommunier personne.

Jaurès a encore parlé de l'impuissance politique de la démocratie-socialiste allemande. Qu'a-t-il donc attendu de nous après la victoire des trois millions de suffrages ? Devions-nous mobiliser les trois millions d'hommes et les amener devant le château royal ? (*Rires*). J'ai dit immédiatement après cette victoire, qui ne m'a pas surpris du tout, que provisoirement elle ne changerait pas grand'chose. Chez nous, ces trois millions ne suffisent pas. Mais laissez-nous avoir quatre et huit millions, et alors nous verrons)(*Vifs applaudissements*). Ce que nous aurions dû entreprendre actuellement en présence de la majorité bourgeoise de huit millions, je ne le sais réellement pas. Mais de même que jusqu'ici nous n'avons jamais fait un pas en arrière, de même nous marcherons en avant à l'avenir sur le chemin de la réso-lution de Dresde, et nous serons heureux que les autres fassent comme nous (*Applaudis-sements*).(Aujourd'hui, nous ne disposons que du poids moral d'une forte minorité. Nous ne pouvons pas demander davantage.) Certai-nement, les propositions de loi qui sont acceptées avec nos voix passent souvént, aux mains du gouvernement, dans la corbeille à papier. Tant mieux pour notre agitation ; c'est lorsque des propositions raisonnables et néces-saires ne deviennent pas des lois que nos affaires sont en hausse.

Mais, aussitôt après notre victoire de trois millions, dit Jaurès, a surgi l'idée de supprimer le suffrage universel pour le Reichstag. Mais, camarade Jaurès, qu'est-ce que cela veut dire, sinon la peur de la bourgeoisie ? Le grand courant du suffrage universel entoure une petite île ; l'eau monte, et les pauvres occupants de

l'îlot attendent avec effroi le moment, mathéma-
tiquement calculable, où l'eau inondera l'île.
Eh! qu'arrivera-t-il donc en France, si vous
avez jamais deux millions de voix ? Votre bourgeoisie regardera-t-elle cela tranquillement ?
(*Mouvements et rires chez les Jaurésistes*).
Attendez un peu !

(« Votre impuissance provient de ce que le
suffrage universel vous a été octroyé en don.
Vous n'avez pas de passé révolutionnaire », dit
Jaurès. — Mais la bourgeoisie française eut
comme aide le prolétariat pour conquérir le droit
de suffrage en 1848, et lorsque celui-ci réclama
des réformes sociales, il succomba dans la bataille de Juin (1). Ce n'est pas la vaillance du
prolétariat français qui lui a donné la République (*Mouvements parmi les délégués français*),
mais la victoire de Bismarck, qui conduisit
votre empereur à Wilhemshöhe.) Pas de mal à
ça (*Grande hilarité*). Et en Allemagne, Bismarck, lorsqu'il donna le suffrage universel,
dut se rattacher à la tradition révolutionnaire
de 1848-1849. Son calcul, à savoir qu'il pourrait
ainsi tenir la bourgeoisie abaissée avec l'aide
d'un petit parti socialiste, ne s'est pas trouvé
juste : le mérite en revient à la démocratie
socialiste allemande.

L'épisode Millerand est maintenant de l'his-

---

(1) Il y a ici une lacune dans cette analyse étendue. Bebel
a rappelé qu'après Juin, le suffrage universel avait été
supprimé par la République, et rétabli seulement par Louis-
Napoléon Bonaparte, au Deux-Décembre.

toire ancienne, mais les fatales querelles qui en sont sorties et dont la démocratie socialiste française souffre tant, persistent encore. Ce trouble des esprits était prédit avec justesse en 1898, par une belle parole de... Jaurès dans *Cosmopolis* (*Ecoutez ! écoutez !*) :

Le socialisme ne peut accepter une parcelle du pouvoir, il faut qu'il attende le pouvoir tout entier. Nous pouvons collaborer à des réformes partielles et nous y collaborons en effet ; mais un parti qui se propose la réforme totale de la société, la substitution d'un principe de propriété et de vie à un autre principe ne peut accepter que l'intégralité du pouvoir. S'il en a seulement une part, il n'a rien : car cette influence partielle est neutralisée par les principes dominants de la société présente. Les grands intérêts ennemis prennent peur sans qu'on puisse les frapper : l'idéal nouveau n'est point réalisé, mais compromis, et il y a une crise capitaliste dont le socialisme ne sort pas.

Avec quelle vue prophétique, camarade Jaurès, vous avez prévu cette évolution (Jaurès : *Vraiment !* — *Grande hilarité*). C'est vous-même qui vous êtes compromis de la façon la plus grave en soutenant continuellement Millerand. Ç'a été le pas le plus fatal de votre vie, le piège le plus dangereux que vous ayez pu tendre au socialisme international (*Vifs applaudissements*). Ce n'est pas le Congrès international socialiste que Millerand a salué en 1900 ; c'est au plus sanguinaire des despotes d'Europe, au tsar, qu'il est allé faire sa révérence. Et lorsque nous avons voulu aller déposer au Père-Lachaise une couronne en l'honneur des communards assassinés, nous avons été chargés par l'infanterie, la cavalerie et l'artillerie du ministère Waldeck-Rousseau : on y vit plus d'agents de police que de députés, et l'on fit tout pour rendre impossible l'hommage international aux communards. Ce seul fait aurait suffi pour rendre Millerand impossible à tout jamais (*Applaudissements enthousiastes*). Depuis, nous voyons qu'à chaque vote dans le Parlement français le groupe Jaurésiste se divise en deux ou trois tronçons : cela ne se voit en Allemagne que chez le plus méprisé des partis capitalistes, les nationaux libéraux ; et, aujourd'hui, une fraction du parti prolétarien en France donne le même spectacle. L'effet est naturellement de compromettre, de démoraliser le parti.

Jadis, Victor Hugo a pu appeler la bourgeoisie française « la lumière du monde ». Voilà la mission que les socialistes français devraient assumer aussi pour le socialisme international. Malheureusement, la démocratie socialiste française offre un spectacle qui est tout le contraire d'un modèle.

Nous devons tout faire pour veiller à mettre un terme à ce spectacle, dont nous sommes responsables devant le monde entier, pour qu'enfin le socialisme français prenne la place qui lui revient d'après ses forces intellectuelles et matérielles.

Votez donc pour la résolution de Dresde ! Je ne crains pas les conséquences. Au contraire, le prolétariat français ne serait pas ce qu'il est selon ma ferme conviction, s'il n'avait pas égard à l'avertissement de ce Congrès. Adoptez autant que possible avec unanimité la résolution de Dresde. (*Tempête d'applaudissements, qui reprend continuellement, même après que Bebel est depuis longtemps retourné à sa place. Des acclamations innombrables interrompent le bruit des bravos. Un grand nombre de délégués se sont levés et agitent leurs mouchoirs*).

Discours de VAILLANT [1]

Nous avons été, mes amis et moi, très étonnés que le rapporteur [2] qui avait été chargé de rapporter avec impartialité devant le Congrès, non seulement les arguments contraires des deux tendances, mais la résolution de Dresde, qui n'était plus la proposition du *Parti socialiste de France*, mais la résolution acceptée par la presque unanimité de la commission, n'ait, dans son discours de ce matin, fait qu'un plaidoyer pour l'amendement Adler-Vandervelde, rejeté par la commission. Et parmi les divers arguments de ce plaidoyer, il en est un qui était sa conclusion principale et qui était

---

[1] Prononcé en réunion plénière du Congrès, le vendredi soir 19 août 1904.

[2] C'est du citoyen Emile Vandervelde qu'il s'agit.

particulièrement à réprouver, celui par lequel il substituait à l'impersonnalité des doctrines des questions personnelles, opposant Jaurès et Guesde, en les couvrant de compliments, comme si au lieu du conflit de deux politiques et de la question uniquement internationale posée par le *Parti socialiste de France*, il se fût agi d'une question locale et du duel de deux personnalités entre lesquelles le Congrès aurait été appelé à prononcer. Rien ne pouvait être plus faux. Et comme pour renforcer cet artifice, le rapporteur qualifie guesdiste notre parti. Nous nous rions de ces malices qui ne peuvent diviser les membres du Parti. Chacun d'eux sait que le Parti a été formé dans son unité par des affluents divers dont aucun n'absorbe les autres. Rien ne peut altérer cette unité, ni nous opposer par exemple Guesde et moi. Si par des expressions de mêmes idées nous pouvons différer, notre doctrine, celle du *Parti socialiste de France*, est une, est la même.

C'est dans un sentiment semblable que Jaurès aujourd'hui même me posait une question critique, et hier, dans la commission, opposait Marx et Blanqui. Ces objections et critiques sont inexactes. Marx et Blanqui, loin de se contredire, ont été d'accord pour reconnaître que si les partis même les plus avancés de la bourgeoisie sont avec toute leur classe opposés à la Révolution qui la déposséderait du pouvoir politique, du capital et de la propriété, opposés au prolétariat, à son émancipation, ils jouent eux-mêmes un rôle révolutionnaire quand ils luttent contre les fractions moins avancées de la bourgeoisie et s'efforcent d'effacer les survivances du passé réactionnaire et qu'alors, dans ce cas, c'est le devoir des ouvriers et des socialistes de les seconder dans ce conflit. Mais, et c'est par là que ce concours prend son caractère essentiel, l'effort du prolétariat et du socialisme en ce cas, en cette coalition momentanée, déterminée, doit se faire sans lien, sans attache durable, en pleine liberté et indépendance prolétaire et socialiste. Et c'est ainsi que, dans le mouvement démocratique, se distingue de l'action de la démocratie bourgeoise celle de la démocratie socialiste, du parti socialiste, dont l'action reste toujours socialiste, inséparable de l'action et de la lutte de classe du prolétariat et du socialisme. (Pour mes amis et moi, nous ne comprendrions pas qu'une question fût posée au sujet de convictions républicaines aux militants, aux héritiers des militants de la Commune qui a créé la République, à ceux qui sont et restent prêts à sacrifier leur vie et leurs efforts pour la sauver, la défendre, la donner au prolétariat et voient en elle le milieu par excellence et nécessaire de son émancipation. Comment de même pourrait-on nous demander, à nous parti essentiellement politique, si nous ne tenons pas compte du milieu et des circonstances, si guerre et paix nous sont indifférentes? (Hier encore, au commencement de la guerre russo-japonaise, nous déclarions que plutôt que de laisser la France entrer en guerre, nous ferions appel à l'insurrection. Notre action républicaine, antimilitariste et anticléricale s'est affirmée en toute occasion, mais en restant toujours socialiste, en restant toujours libre.

Si dans la république bourgeoise, où la bourgeoisie gouverne directement, sans intermédiaire royal, sans complications dynastiques, le conflit des intérêts prolétaires et capitalistes s'accuse plus fortement, il en résulte la nécessité plus impérieuse encore pour le socialisme d'une politique, d'une tactique qui non seulement en réalité, mais aussi visiblement, soit nettement opposée à celle des partis de la bourgeoisie, nettement distincte et socialiste.)

La résolution de Dresde dit toutes ces choses expressément et c'est pourquoi nous vous demandons avec la commission de la voter. Elle définit la tactique socialiste, et le parti socialiste dans leur opposition à la tactique et aux partis de la bourgeoisie, excluant ainsi avec eux toute confusion, toute alliance, toute coalition non momentanée et de but précis, sans mélange aucun. Elle définit, sous le nom de révisionnisme, pour les repousser toutes, les tentatives de déviation et confusion et de mélange qui, sous prétexte pratique, mêleraient par des compromissions le parti socialiste aux partis bourgeois. Mais, comme je viens de le dire, elle propose la défense et le développement des libertés publiques et de la législation ouvrière, etc., comme autant de moments de la marche de la classe ouvrière vers son émancipation. Et pour cette action immédiate, d'autant plus efficace qu'elle sera plus socialiste, tout en pouvant seconder parfois à cet effet un effort voisin, il n'est pas besoin, il ne faut pas un instant qu'elle déserte le terrain socialiste de la lutte de classe. En France, et partout, pour les résultats légaux et démocratiques, l'action socialiste unie aurait des effets autrement importants que ceux dont à tort se glorifient, comme s'ils leur étaient dûs, les socialistes du bloc bourgeois.

- Il y a une raison pratique et nécessaire de rejeter l'amendement Adler-Vandervelde et d'adopter la résolution de Dresde. Le souvenir du vote de la motion Kautsky, en 1900, le démontre. Alors on nous disait, et le texte voulait le dire aussi, que la participation d'un socialiste au pouvoir était condamnée avec Millerand sans appel, tant les exceptions prévues étaient hors de probabilité. Nous répondions qu'il en pouvait être ainsi, mais que le fait de les prévoir et celui du vote favorable des amis de Millerand suffirait à l'annuler en leur faveur. C'est ce qui est arrivé.

On nous dit aujourd'hui la même chose de l'amendement Adler-Vandervelde, et je sais bien que c'est une condamnation aussi du révisionnisme, du néo-méthodisme et de toute alliance bourgeoise, de tout bloc bourgeois et socialiste. Mais il suffit qu'il soit moins net que la résolution de Dresde et qu'il soit voté par

révisionnistes et partisans de l'alliance bourgeoise, pour qu'il perde la valeur que lui
attribuent ses auteurs. Il importe donc de ne
pas retomber dans l'erreur de 1900 et de voter
la proposition nette, antirévisionniste, contre
la nouvelle méthode, exprimée par la résolution de Dresde, qui la condamne sans ambi-
guïté.

C'est d'autant plus important que, comme l'a
reconnu Adler dans la commission, la situation,
la compromission actuelle, tant en France
qu'ailleurs, est plus grave qu'en 1900. A cette
époque, les socialistes de la nouvelle méthode
avaient un délégué au ministère, au gouvernement. Aujourd'hui, ce sont eux-mêmes qui,
par leur entrée dans le Bloc, participent au
gouvernement de la bourgeoisie et à ses responsabilités. Et la résolution de Dresde condamne,
en France et partout, cette participation et
affirme la nécessité de la tactique du parti
socialiste distinct, sans lien aucun avec les
partis de la bourgeoisie.

Par cela même, aussi, la résolution de Dresde
crée les seules conditions possibles et par nous
acceptables de l'unité socialiste que nous
venons de voter. Nous unir aux socialistes du
bloc serait nous unir à l'aile gauche de l'armée
de la bourgeoisie, ce serait contracter la même
alliance. Que ces socialistes sortent du bloc de
la bourgeoisie, entrent dans le bloc socialiste
et l'unité sera faite sur les seules bases unique-

ment socialistes affirmées par la résolution de Dresde.)

Et c'est pour ces motifs, internationalement comme nationalement nécessaires,, qu'avec le *Parti socialiste de France*, je vous demande de rejeter l'amendement Adler-Vandervelde et de voter la résolution de Dresde.

Résolution de Dresde devenue résolution d'Amsterdam

Le Congrès repousse (ou répudie) de la façon la plus énergique les tentatives revisionnistes tendant à changer notre tactique éprouvée et glorieuse basée sur la lutte de classe et à remplacer la conquête du pouvoir politique de haute lutte contre la bourgeoisie par une politique de concessions à l'ordre établi.

La conséquence d'une pareille tactique revisionniste serait de faire d'un parti qui poursuit la transformation la plus rapide possible de la société bourgeoise en société socialiste — d'un parti, par suite, révolutionnaire, dans le meilleur sens du mot — un parti se contentant de réformer la société bourgeoise.

C'est pourquoi le Congrès, persuadé, contrairement aux tendances revisionnistes existantes, que les antagonismes de classe, loin de diminuer, vont s'accentuant, déclare :

1° Que le Parti décline toute responsabilité quelle qu'elle soit dans les conditions politiques et économiques basées sur la production capitaliste, et ne saurait, par suite, approuver aucun des moyens de nature à maintenir au pouvoir la classe dominante ;

2° Que la démocratie socialiste ne saurait rechercher aucune participation au gouvernement dans la société bourgeoise, et ce, conformément à l'ordre du jour Kautsky voté au Congrès international de Paris en 1900.

Le Congrès repousse, en outre, toute tentative faite pour masquer les antagonismes de classe toujours croissants, à l'effet de faciliter un rapprochement avec les partis bourgeois.

Le Congrès compte que les représentants du Parti dans les Parlements se serviront de leur puissance accrue, tant par leur nombre augmenté que par l'accroissement considérable de la masse d'électeurs qui les suivent, pour persévérer dans leur propagande sur le but final du socialisme, et conformément à notre programme, pour défendre de la façon la plus résolue les intérêts de la classe ouvrière, l'extension et la consolidation des libertés politiques, pour revendiquer l'égalité des droits pour tous ; pour continuer, avec plus d'énergie que jamais, la lutte contre le militarisme, contre la politique coloniale et impérialiste, contre toute espèce d'injustice, d'asservissement et d'exploitation, et, finalement, s'employer énergiquement à perfectionner la législation sociale et à rendre possible à la classe ouvrière l'accomplissement de sa mission politique et civilisatrice.

Cette résolution a été adoptée, le 19 août 1904, par 25 voix contre 5 et 12 abstentions, dans un vote émis par nationalités et où les suffrages se sont répartis de la façon suivante :

Pour : Angleterre 1 voté, Allemagne 2, Bohême 2,

Bulgarie 2, Espagne 2, Amérique 2, France 1, Autriche 2, Hongrie 2, Italie 2, Japon 2, Norwège 1, Pologne 2, Russie 2 — Total : 25.

Contre : Angleterre 1 vote, Australie 2, France 1, Norwège 1. — Total : 5.

Abstentions : Argentine 2 voix, Belgique 2, Danemarck 2, Hollande 2, Suisse 2, Suède 2.

La motion d'Unité

A l'unanimité, le Congrès d'Amsterdam votait également une motion déclarant « indispensable que dans tous les pays, en face des partis bourgeois, il n'y ait qu'un Parti socialiste, comme il n'y a qu'un prolétariat. »

Pour donner à cette motion la suite qu'elle comportait, le Conseil central du *Parti Socialiste de France*, à la date du 30 Août, se déclarait prêt à réaliser, d'ores et déjà, l'unité socialiste sur la base des principes établis par les Congrès internationaux.

Depuis, à la date du 4 Octobre, il décidait de constituer « une délégation en vue d'une commission d'unification, ayant pour objectif unique de déterminer les voies et moyens de l'unité organique du Parti sur le terrain de la lutte de classe maintenu à Amsterdam, non-seulement comme la base de toute doctrine, mais de toute tactique socialiste. »